섬, 몽상주머니

섬, 몽상주머니

김명이 시집

포지션

시
인
의
말

간유리빛 공중
매일 모순을 사랑해야만 한다.

태양의 눈을 찾겠다고
시력을 내주지 않을 것이다.

야금야금, 나는
즐겁게 사라지고 말겠다.

2024년 봄
김명이

차례

제1부

작약을 앓다 12

섬, 몽상주머니 14

욕조의 세계 16

모퉁이로 쌓이는 도시 18

금요일의 백지 20

푸른 돔, 뱀들의 전쟁 22

숨 23

목장 카페 24

성공한 광고 26

선택적 손가락과 흔들리는 관점 28

빛의 음영 30

장미의 살점들 32

조각들 34

특정 온도의 기록 36

제2부

겨울 가로수 유전자 40

지도의 세계 42

Nella Fantasia 44

왕사탕을 찾아서 46

창 48

프랑켄슈타인 먹잇감을 제공하는 미래 50

바람직하여 바람직한 52

늦더위 54

비화옥 56

언제 약속 할까요 58

집 60

마찬가지 아닌 내가 오고 있다 62

예보 64

반갑지 않아도 맞이하는 손님처럼 66

제3부

넉넉한 상처 68

재생 중 70

동백 한 그루 심어놓고 꽃은 보지 못했네 72

꽃은 누군가의 대명사 74

섬의 비망 76

겨울 화분 78

겨울은 80

달밤 81

기발한 저녁 82

한발씩 뒤로 가는 사진을 찍고 84

망할 대화 86

내게로 와 30년산 CHIVAS- 꺼낸다 88

건너오는 계절 90

뱃살 행복론 92

제4부

토끼 선생 1 94
토끼 선생 2 96
어느 죽음의 고요 98
들고양이가 들려준 100
벽의 사각지대 102
함박눈 예언 104
지구는 편집증 106
금고에 갇히다 107
자물통에 꽃이 피었다 110
허물 112
살아났다, 소 114
우화등선羽化登仙 116
흰 달빛 조각하는 변두리의 저녁 118
내 시는 이구아나 120

해설
그럼에도 꽃이 피듯이, 우리는 살아있어 | 장은영　　122

1부

작약을 앓다

보라꽃무늬 원피스 입은 작은 소녀
꽃향기 넘실대는 파란대문집 알바를 자청했어
귀족꽃 노예가 되었기에
그을음 도배하는 연기를 마시고
먼지가 걸레를 염색하는 긴 마루를 닦았어
작약 한 뿌리 얻어 돌아왔네

담장 안 굴뚝도 이따금 허기진 시절
농가 마당은 꽃밭이 될 수 없다는 금기를 어긴 채
담벼락 구석 한 뼘에 뿌리를 묻었어
사월 지나야 땅을 뚫고 해를 향해 목을 뺐지
초록 손들이 망울 틔우고 흔드는 환상통
소녀는 꽃의 광신도가 되어갔네

꽃잎 풀어놓을 때면 입술에 허언을 낳는 밤
며칠은 불행한 무덤을 헤아리거나
손가락 찢어지고 스카프가 날아간 꿈을 꾸기도 했어

떨어진 바닥에서 빛바래 간 작약
퉁퉁 부은 눈으로 한 잎 주우며
감각을 죽여 가는 일이 생의 욕구라고 가늠했네

매캐한 자유를 삼키는 유령들의 보라
향기는 수렁에 빗대어 몽롱해야 할까
장미 백합 수국 칸나의 계절까지도
뜨겁고 은밀한 몸을 거부해야만 하는 신화
고귀한 내력만이 영원한 향배인 듯
그녀는 또다시 가을 칼꽃을 예찬하고 말 것이네

섬, 몽상주머니

바다의 혹등이라 불리기도 했어요
엄마가 또 다른 아버지를 부르게 하고
뒤꼍에서 붉게 자국 난 뺨을 쓸어주었죠
나는 물속에서 죽은 사람보다 수영을 잘해요
제발 따라오지 말아요
혹등을 떼고 뭍으로 나갈 거야
내 지느러미는 흔적뿐이어서
깡통 안 살코기가 될 수도 있으니 복숭아 넥타만 드실래요

구름이 원망되고 하소연될 때
나는 돌구멍 사이에 바람의 노래를 넣어주고 싶었어요
섬에는 귀신이 다녀가곤 하지만

고래는 휘파람 부는 사람을 저장하나요

혹등 찾아 자연인의 사연은 파래 같은데

그조차 힘센 자가 차지하는 흐름이라서
왕년의 운동선수들이 화석을 발굴하죠
식인 상어 아가리처럼 쳐든 파도
육지가 거무스름 보이지만 개펄에서 빠져나가지 못해요
거품에 잠긴 채 제물이 될 건가요
고래의 혹이 된다면 죽음을 기꺼워하겠어요
엄마가 바다에 잠길 때 노래 주머니 될 거예요
흔들지 말아요 다행이라니

꿈이 반대라면
어제의 아버지는 부드러운 애인
오늘의 아버지는 가라사대 멈추고 휘파람을 불어주세요

욕조의 세계

물에 욕조를 채운다
온도가 적정하면 내 기준 등짝을 맞을게
너의 어릴 때 기억은 좀 파충류 같아
전쟁에 기록된 가장 작은 물집을 알아
들여다본 적 있어
천사가 눈물을 흘리는 건 반칙이지
그만해 잔인한 미래
침수 직전 준비운동은
하나뿐인 회귀 모형을 만들자
아직도 선데이 서울이야
증오를 태우는 거품
서로 모르는 것이 많았구나
뜨거워진 물에 헐떡거리며
저스트 텐미닛 빠져든다
휴일 없이 트리의 성좌를 비추는 곳
꿈의 궁전은 폐허였지
실패한 연구실에 그만 불러

물은 기형의 무늬를 끌고 와
낡은 패킹 속 싱크홀에 빨려간다
욕조의 거품이 꽃으로 남는 순간
낙인된 표정을 닦아내고
다시 욕조는 물에 잠긴다

모퉁이로 쌓이는 도시

 적은 것의 내일은 안개 속 기류, 거짓의 희망이 농후하다 창문 열자마자 스친 한 방울의 움찔, 직관은 불행을 예고할 때 확률이 높다

 그의 일정한 현관문 소리가 들리지 않는 출근, 불어닥친 조기퇴직 협상은 실리와 실의 사이 팽팽했지만 판세는 등 돌렸다 동기의 의리는 불리할 때 손을 맞잡는다 해는 다시 높이 떠 노동의 과녁을 관통하고 있다

 사직서에 서명할 때보다 위로를 받을 때 쓰리고 쓰디쓴 뒷맛, 고작해야 몇 개월 치 임금을 얻기 위해 쥐어짰을 육체와 앙다물었을 모순들, 그는 수거함의 낡고 붉은 백팩을 꺼내 어둠을 잠갔다 짤막한 부탁도 없이 과거처럼 나섰다

 발코니의 하와이무궁화 꽃봉오리
 지그시 다문 시간들 맹목처럼 불사르며 큰 꽃잎 펼

친다
　새빨간 유혹 채 사흘 허울이지만
　계절 내내 피고 지는 유의미의 실존
　아래 잎 따내고 화분 가득 물을 부어준다

　아직 무엇을 원하느냐
　나의 두려운 눈빛이
　슬픈 자유가
　현관 거울 속에서 표정을 만든다

아니다 아니다
아이는 무사히 제 길 향해 떠나고
내일 아침밥 한 그릇 남아있다
마지막 대사처럼 소리를 켠다

도시는 새로운 연극이 필요해!

금요일의 백지

양심 몇 개 손 털며 귀가하는 금요일
경적 울리는 곳에 노숙 같은 무표정의 경비
저문 날의 고개는 숙이고 마는 것이 대책이었을 거다
목련 이파리 제 올리는 북쪽 통로로 사라진다

과일가게 여자는 빈 상자를 차며 달려 나와
신이 내린 노화 방지 아보카도 단 하루 이 가격
외치며 초조하던 쇼핑호스트 표정으로
검은 비닐봉지에 재빠르게 담아낸다

출판사 주소록 베껴 보냈을 시집이 담긴 노란 봉투
시인은 사랑이 떠난 추억을 차려놓았을 테니
집배원은 빠져 허우적댄 호수를 기억한 것일까
수신인 이름만으로 우편함에 꾹 눌러두었다

초록 접이 가방에 담아 온 노을빛 비늘을 쏟아보면
덤으로 분주한 금요장터 목록들

하늘의 호명도 캄캄해질수록 뚜렷할까
몸을 통과하지 못한 말과 선택적 죄를 분류한다

거미가 내려온다 못 본 척

푸른 돔, 뱀들의 전쟁

 책 속의 지식들이 목청껏 소음을 내지른다 서로의 멱살을 잡고 빳빳하게 머리를 세운다 아름다운 민주공화국은 사전의 해석일 뿐이라는 듯, 오늘도 음 소거를 누르고 불안한 말들을 복습하며 하루가 떨어진다

 그들 스승은 물을 필요 없지만 배경을 눈 가리고 점친다 쓴맛을 자꾸 뱉는다 씹다 보면 단맛이 될 거라곤 끝장 볼 때나 가능하다고 울음 삼키는 절벽이 층층 자란다

 노란 천장 아래 혀들이 튄 침에서 썩은 소시지 냄새가 날 것 같다 배달의 자손으로 내몰린 도로에 신발 깔창을 생리대로 받친 소녀가 걸어가고 독거의 진창으로 손발이 묶여가는 입 다문 자들의 고통이 중첩된다

 두 개의 혀로 뿜어내는 독소를 향해 작대기 한 방이면 머리가 끊어지던
 저 뱀은 어느 종인가 프로필을 찾는다 ～🐍↗ ♪♪

숨

잠깐 그때 한 시절의 집합들
나와 무구 사이
비밀을 알아간다

몸과 마음에 맞지 않는 것
두르고 치장하느라
힘 빼고 낭비했다

극히 부실한 영혼의 소유자

목장 카페

입장객을 태우고 달리는 말
못 들어가 안달 난 줄 줄 줄
달리는 말에 올라타는 건
낙마의 쓴맛을 본 자만이 알 수 있다고
산 입에 거미줄 치는 건 돌무덤 속 말이 아닌

제 자리에서 고개 들지 않고 풀만 뜯어 먹는 양
뜨거운 커피에 덴 목젖을 달래고 식혀 넘기도록
한 발짝도 꿈쩍없이
명성과 영혼을 바꾸지 않는 학자
진실과 대면하는 고흐의 자화상이다

관객 하나둘 자리에서 일어나
칸막이 유리 앞에 다가가 행위 예술가가 된다

저것 좀 봐

한 시간 넘게 기다린 양
그제야 별난 구경 다 했다는 듯
한 번 고개 쳐들고
한 번 좌우 고개 움직이고
다시 풀을 뜯는다

저 고집으로 유명을 타고 유명을 달리하기도 했다

비가 뿌려져도 묵묵히 할 일 나르는 사람들
목장 카페 치즈는 어떤 맛일까
말 달리자 먼저일까

성공한 광고

1
아파트가 아프다로 읽힌다
지방에도 '국민 평수 십억 훌쩍 속출'
흔해빠진 백만장자라네
죽은 집을 짓는다
꿈이 증발해요 헬프 미
제발 해프닝이죠

2
동서대로 인도 경계석 바닥에 엽서 크기 흰 코팅 광고 전단지 줄지어 놓였다. 태양이 실눈 뜨기 전 포복으로 부착했을 '투잡. 부업, 영어 1:1 회화' 불법 구인 광고물, 교차로 병원까지 내내 발목을 붙잡는다. 난간마다 물고 늘어졌다. 계절보다 두꺼운 점퍼의 남자 목이 말라버린 늪지를 파는 새처럼 꺾여갔다. 쪼그리며 적는 헐렁한 추리닝 속 여자 쇄골은 움츠러들 때마다 코뚜레를 꿨다. 신호등에 바짝 다가선 노란 코팅지의 굵은 고딕체, '카

드 한도 내 할부, 휴대폰 소액 결제' Tel-000- 반사되며 붉은 신호가 켜졌다. 정면을 보지 못한 야생 고양이 눈빛 남자가 휘청하고 순간 자빠진 자전거에서 육두문자를 난사했다. 팔목 푸른 감정이 드러난 그의 흐린 눈에 죄를 매겼다.

    성공한 광고를 찍은 듯
    허공의 전광판 자막으로 승냥이 떼 난타를 알린다
    오십억 퇴직금을 아시나요

    우리는 조금씩 더 견디며 비참한 말로에 익숙해진다

선택적 손가락과 흔들리는 관점

확성기와 현수막이 쓸고 간 거리
광채 이마에 흘러내린 머리칼과
노동자의 푸르스름 민머리 깎는 면도날

다를 거란 생각만 들락거린다
저녁은 여전히 무지의 하루이고
아침은 또 줄 묶인 돌덩이로 명치에 차오른다

수직의 상상으로 채웠던
두 시의 마른 블루 빛 공중
수평으로 눕기까지
얼마큼 파도와 달의 순교를 아파해야 하나

무시래기 한 단 허공에 걸어둔다
'순'으로 틔어 '무'라는 호명을 얻고
구석구석 밥상에 오르는
무엇 하나 버릴 것 없는 양분이다

너는 구름의 몸집만 키웠을까
등짝을 긋고 가는 긴 가시와
그때마다 선택은 정당했어도
얼음의 혀와 사막에 찍힌 발바닥 형상들이다

바람이 창을 잡고 때려도
뒤돌아보며 떨구지 못하는 눈 속의 빨간 줄
만학 대학 사진 앞에 음복하는 기분들
내게서 너무도 멀리 유리되어 있다

빛의 음영

3억 2천만 년 어둠 감별사 바퀴벌레 배가 뒤집혔다

밤이 낮으로 연장되는 시간들
달력 단위는 유물론 규격이 되었지만
조명 아래 붉고 검은 다리는 사라지지 않는다

우리는 서로의 시계를 건너며
안심 코드가 통과했으니 의심이 미흡한 자
허가받은 만큼 숨이 허기진다
생수로 곱창을 채워볼래요 뚫릴 때까지

날벌레가 터를 판 사과를 들고서
편의점 주인은 쿰쿰한 향에 지구가 맛이 갔다고
난데없이 종말론 설파자가 된다
눈 밖에 난 것은 맹목의 희망을 제공한다

별들이 길을 잃어도 개의치 않겠다는 듯

구름이 폭등하는 어둠 골을 향해
몇 도로 구부려 렌즈의 제단에 바친
무제한 사용량의 눈빛들

종일 타로는 인터넷 검색 조회 1위로 등극하고
아름다운 여자의 오늘 운세가 어긋난 것은
야자시夜子時와 조자시朝子時의 애매한 차이라는 듯 툭!

장미의 살점들

오월의 어느 교회
길게 늘어선 연두 철망 담장 구멍마다
빨간 장미의 목이 걸려있다

꽃이 아니다
저 핏덩이
이웃 나라의 도륙되는 안구들 성징들 사지들

그들이 피로 새긴 역사는 절박한 가치인가
죽음으로 맞닥뜨린 저항에 너는 죽고 누가 사는가

"머리에 총을 쏘는 그들은 모른다 혁명은 심장에 있다는 것을"*
항거한 시인의 심장은 돌아오지 못했다

망자만이 참이 되는 전쟁과 혁명
역사는 밝히지 못하는 권좌의 가면을 증명할 뿐

시대의 유속도 진실이 되지 못한다

핏빛, 꽃잎의 비밀
무섭도록 번지는 꽃이여
내 살 속으로 파고드는 가시여

* 미얀마 쿠데타 저항시인 케 티

조각들

 갈색 염색이 하고 싶었다 이사 간 단골 미용실을 찾아 헤맨 골목, 모퉁이 햇살은 쪼개기 하며 후미진 끈을 엮어간다

 활엽수는 나이테 한 개 그리기 위해 몇 개의 흉터를 추가하는 것일까 누군가 허리에 찬 흙 발자국, 나무의 감정을 읽기라도 한 듯 구름은 검은 망토를 둘러준다

 이십여 년 지나다닌 골목은 언제부터 소란을 경고음으로 대신하고 삼거리에서 아는 여자는 모른 채 지나가는 것이 예의처럼 급한 표정으로 사라졌다

 소란이 멈추면 인적이 끊어진다 빛바랜 가로등과 담장 너머 눈치 보는 정원수, 계절을 놓친 새는 낡은 집 담장을 드나들며 쌓고 허물다가 후드득

 재개발 현수막이 펄럭거리는 네거리 아파트 옹벽에

도 해와 구름의 분수 셈을 들춰보는 부동산 소식만 널려있다

 만나서 꿈꾸고 사이사이 입김을 나누는 오랜 연인들의 손짓 저편, 흘리는 밀어를 줍는다 사람은 마침내 슬픈 기억으로 완성되고 말 거야

 곧 돌아오라는 속마음처럼 또다시 우수수 갈잎 떨구며 가지가 드러나는 나무의 언어들, 구불구불 돌아 나온 더듬이 길 끝에서 발견한 회전등은 붉고 희게 상처를 감고 있다

특정 온도의 기록

　삼팔선 넘으면 사지라는 트라우마, 헛소리를 하냐고 들을 즈음 38.8도 체온은 허공에 떠서 내가 한 말을 모른다. 재 한 점 날리지 않는 백색의 구간, 수원의 기적을 보이는 몸의 불, 차이나 체온계를 곁에 두기로 한다.

　코비드 19 양성 문자를 받는다. 감염 접촉자로 자발적 격리까지 열흘 동안 병인, 창살 안에 갇힌 것들의 고난을 생각한다. 너머는 모르는 일, 지나간 답으로만 굳어진다.

　— 섬망 —
　한밭대로 황색신호로 바뀌는데 저속 50km 제어가 안 된다. 브레이크도 안 잡힌다. 뿌리쳤을까 사지라고… 위태롭게 꺾은 좌회전에 승용차는 종잇장처럼 접혀 사라진다. 가본 적 없고 바람의 그림자만 남는 곳에서 태연히 내가 내린다.

　상앗빛 승용차 대신 하얀 냉동 탑차, 어느 죽음이 정리

된 유품 상자처럼 뒷문 두 짝 열린 채 텅 비어 있다. 바닥에 떨어져 있는 흰 젤리 신발 한 짝, 빠져나간 쪽에 섬뜩 젊은 날 애인의 빡빡머리 몽타주가 스쳐 갔다.

나는 무사하다.

레드썬 눈을 감으세요.
타세놀캐롤디쎄파렉신모드콜기가천모드코프소롤코매키나베타딘인후스프레이*
신세계가 고난의 최면에 든다. 이 모든 것이 사실일까?

* 코로나 투약 종류

2부

겨울 가로수 유전자

나목으로 태양을 독차지하는
겨울 가로수 아래서 고백하지요
겨울바람 폭력은 누가 증언해 주나요
나는 아직 사과를 받지 못했어요
어긋난 잘못은 내 안에서 키워야만 하나요
순서가 틀린 성호를 그어댔어요
절대유전자를 갖지 못한 내가
바람결에 운명이 재단되던 미래
영지를 넓히고 잠식하는 그늘은
잘라내는 수술을 견디라 했지요
파여서 어디론가 실려 가기도 했지요
결코 벗어날 수 없는 서슬이었어요
다가올 웅장한 울음들을 위해
미학적 아름다움은
외골수 뼈대만 남기는
고통 후 가치만이 최고가 아닐 거예요
그늘 모르고 자란 내게 그늘 짓게 하고

혹독한 얼음 바닥 딛게 하면서
겨울 태양은 봄을 잉태해 줄 거라고
또다시 시 한 점 던져주고 달래려 하나요

꿈도 욕망도 원시가 되어가는데
아니요 더는
나 자신을 가장 믿기로 해요

지도의 세계

대문이 굳은 가문의 딸
유목의 피가 섞였는지
문밖 퍼즐을 풀고만 싶어진다
이따금 악수를 둔다

이봐요 국수 씨
어른이 되어서도 꿈을 꾼다면 실패자일 확률
하루의 노동으로 양고기 한 점 저장하나요
햇빛 소유권에 피를 뿌리면 품격이 되나요
매일 다른 규율은 탈모의 땅따먹기죠

허리가 휜 개미에게 컴베트 안락사 처방을 해
사막여우의 변성이 필요하다고 쓸까
타짜들의 언론 천국에
끝내 무가지에도 구독하지 않는 반응을 한다
눈초리가 등골에 흐른다

새들은 재선충 걸린 소나무에서 모의를 하고
영끌이를 영턱스클럽으로 읽은 시대착오라니
문밖의 퍼즐이 풀릴수록
세계의 지도는 그 여자의 비행을 누적한다

Nella Fantasia
―언제나 자유로운 영혼들에 대한 꿈을 꿉니다 날아다니는 구름들과 같이*

　창밖은 멀리 계족산행 길이 보일 듯 투명하고 창문을 활짝 열어도 면 셔츠 한 겹으로 지낼 수 있을 만큼 포근해 보였다. 십이월의 태양이 한눈팔고 싶었나 보다. 간간 흰 돌고래가 튀어나와 버블링 묘기도 한다.

　미지근한 바닥에 앉아 돋보기안경을 쓰고 시 몇 편, 소설 몇 쪽 읽는 것이 노동처럼 느껴질 때, 귀를 세우고 찾아 듣는 선율과 음색들, 성악가와 가수의 성대는 각기 다른 음역대를 가진 신의 악기가 되어 음악을 들려준다.

　Nella Fantasia~ 사라 브라이트만 조수미 신영옥 김호중 소향 박기영 열풍트롯 신인가수 뜻밖의 유튜브를 반복 재생했다. 노래는 도시가 내게 안겨주는 것이 없어도 나의 침대를 경멸해도 환상의 날개를 펼쳐 비행하게 했다. 그러나 오늘은 차오른 숨이 쉬 꺼지지 않아 늑골을 압박하곤 한다.

그날 내 어깨를 지나 슬픈 오르골을 듣고 뒤돌아선 네 표정은 탕자의 후회처럼 비추었다. 미련이 남은 것은 발작처럼 일어난다. 가수들이 혼신으로 음을 켜서 울리고 뿜어낼 때마다 발현된 통증에 주먹 쥐며 풀기까지 낮고 높게 가볍고 두껍게 회오리쳤다. 습지를 파던 백로 한 마리 물기를 털며 부리를 내밀 듯 고개를 들었다.

　그 사이 뿌리들 얼지 말라고 덮여있는 자국눈, 바람이 땅을 흔들어 마찰했는지 나무의 팔에 땀이 나고 있다. 네가 불어준 입김일까 곧 영혼도 꿈도 머물러야 할 저녁이 오고, 기도할 시간이 가까워진다고 되뇌었다.

* 영화 〈미션〉의 주제곡 가사

왕사탕을 찾아서

아닌데 아니네…… 아나콘다가 유리를 삼키는 시간
외출 포기하고 냉수 마시려다 냉장고에서 빈 지갑을 꺼낸다
칸마다 허술한 냉기를 채워뒀구나
사탕 한 봉지가 필요해

아 올해는 무슨 날에 사탕을 받지 못했어
앙증맞고 조잡해서 삼킬 수 없는 꼭 그 탓은 아닐 텐데
문득 취한 말은 그의 심장을 얼게 했을까
까먹는다

손에 하루를 쥐여주느라 두 발은 백 번쯤 부딪쳤다
발바닥은 축소된 인체며 우주와 통로라니
그래서 문득 내가 뱅글 돌았군
까먹었다

열 번 스무 번 건너뛰며 좀 더 세게 부딪혀
어제의 다람쥐가 아니야
동굴이 싫다고 폭풍 울음 터뜨렸잖아
까먹다니

같은 시간 달력의 다른 날짜, 마른 혀가 마른 입술 바른다
너의 유통 기일을 잊었구나
백 한 번 손바닥도 치고 노래를 부르면 연장될까
바스락바스락

껍질만 남은 사탕

돌아가는 걸까
돌아오는 걸까

창

그 골목 돌며 중얼거린 파리한 얼굴을 지운다

빛과 소금에 이끌렸어
아픈 자를 낫게 하고 죽은 사람도 살려냈다는 기적의 말씀

제삿날 한쪽에서 연기가 피지 않았어
삼촌의 악다구니가 밤하늘을 찢고
강을 가른 지팡이보다 굳건하던 숙모의 등줄기
엄마는 핏빛 눈으로 어머니를 흐느끼곤
나는 성냥불을 긋고 기도를 뗐다

유가의 방장 같은 아버지는 책가방을 뒤졌어
십이월의 괘종시계 태엽은 끊어지고
서리를 쓴 채 저항한 다리가 부러질지도 몰라
새벽송을 무사히 마쳤으니
닫힌 대문 앞에서 변명을 멈추고 떨지 않기로 했다

아버지를 벗었는데 그사이 신은
모니터에 산속 마을에서 고층 대리석의 조명을 쓰거나
경전 부록의 존재, 법전을 읽는 자처럼 번성했다
불쑥불쑥 등장하는 신들의 신세계에
내가 받은 뼈에서 통증이 빠듯하다

집단 감염병 진원지 1 2 3 …… 999
빛은 고공에서 서늘하게 회의하고
어둠은 바닥에서 돌 밑으로 더욱 공고해졌다
말씀으로 붕대가 되고 연고가 되던 시절
네 시를 깨운 푸른 종소리는 어디에서 스러지는가

프랑켄슈타인 먹잇감을 제공하는 미래

 바이러스를 앓는 도시의 거리, 오토바이는 비만을 배달합니다 헬멧을 묶어두세요 속도만큼 당신의 운명선은 장담할 수 없겠습니다

 불면으로 길들여진 축사의 가축은 알루미늄 접시에 포장될 때까지 꿈을 꾼 적 있겠습니까 꿈이 있기나 했겠습니까

 응급실 통통 부은 얼굴로 수액 맞는 환자는 고산지대 고드름 같은 모범사원, 쉼 없는 시곗바늘을 지킨 것뿐입니다

 젊은 시인을 거두고 뜬 별은 모텔 입구에서 소녀를 삼키려고 은밀하지요 편의점 의자에 커피 마시는 중년 여자, 산 사람에게서 파란 입술이 핍니다

 스무 살에 흰머리는 흔하게 되고 염색으로 유색인 종

류를 벗어보아요 길어야 몇 주, 시도는 해봤으니 다니는 미용실을 물어와 귀찮아집니다

별수 없이 불리해지는 내일은 또 밝겠습니다

바람직하여 바람직한

약속 장소에 가서 턱없는 말에 굴리지 못하는 입술
듣는 태도가 좋아요 빤히
꽃 모가지 비틀고 있다
대퇴부에 통증이 생긴다
잘 들어주니까

전화가 오고 묵묵히 듣는다 감탄사를 지를 차례, 구멍과 끝내 막장의 진실
꽃의 수난이 시작된다
소파에 누워 말을 흘린다
잘 들어주니까

만만해서 성이 없는 줄 아는지 빗나간 또 같은 말을 세다가 잊다가 뻔한
물조리개를 흔들고 있다
식사는 언제 하나요
잘 들어주니까

달궈진 달팽이관에 난청 신호가 잡히고 스피커 기능을 켜자, 미리 켜뒀구나
여보세~예~~~~~
언제든 꽃은 사들이면 된다
눈 감아도 잘 듣는 나는

공생관계익숙한감정
적당하게훈련된감정
개인으로실패한감정

배터리 일프로 페이드아웃

늦더위

묘지의 시간 내비치는 노구
텃밭에 엉덩이의자 밀고 기고 넘어지며 지은 감자
긴 장마에 쓸린 축축한 땅에서 캐어 차양 아래 널려 있다
깊이 다녀가는 볕마다 초록 물감 발라놓는 것이라
불쌍한 자식 대하듯 애면글면이다

가져가라
도시는 다 돈이다

자식마다 아파트 살림에 더는 저장할 곳 없다는 성가심
감자 전신에 푸른 독이 덧발라지고
버려질지 모른다는 죄도 부풀려진다

급한 대로 자디잔 것 추려
짜디짜게 장조림부터 해두자고

손톱 긁어내고 물집 잡히며 반나절 벗기니
껍질 반이요 반은 뽀얗게 드러난 물새알이다

반듯한 기도처럼 모아지지 않는 손
사라지는 육신의 통증 이겨내는 그저 자식 입

훗날 노구의 내 그림자다

엊그제까지 지긋지긋 내린 장맛비
시원하게 소나기 뒤집어쓰고 싶다

비화옥

가시 틈에 진분홍 꽃 밀어 올린다
가시 끝에 찔렸다

통증은 감각의 깊이를 확인하며
울음을 멈추기 위해 울음을 터뜨렸다

화사한 날에 약간의 물과
통로가 필요했던 바람

껍데기만 남는 노란 몇 개의 알약들
아끼고 사랑할수록 주의가 필요했다

맥박이 파닥이는 동안
건조해지는 것을 눈감아야 했다

관념만 남아있는 가시 꽃
포기했던 순간에

독하게 피우려는 것이냐

언제 약속 할까요

굿모닝
무릎 통각의 시간과
마음 환해지는 영혼의 교차점
사라진 달력을 세고 있어요
시작은 스쳐 간 피파새의 흉내
주제가 모호한 우리는
아침이 저녁을 지우고 있을 때
세 음절만으로
무기력한 힘을 일으킬 수 있기를
숨이 막히고
숨이 쉬어지고
조용히 찾아든 안부가 되었어요
타이레놀 숫자를 늘려도
복원되지 않는 핏줄의
돌이 된 한 여자를 깨워갔죠
머리를 빗고 톡 톡 두드려요
그대는 걷고 또 걸어가고 있겠죠

버틸 수 있어야 만날 수 없는
소멸의 시간들
무릎을 세워야 해요
피파새의 노래를 들려줘야 해요
누가 먼저 잠들 때까지
새로운 첫인사로
굿바이!

집

기억을 쌓아가는 오래된 창고랄까
네 귀에 계절 켜켜로 쟁이며
해풍 나르던 머리카락, 당신께 질주하던 장미의 심장까지
미장공의 헛손질 따라 벌어진 틈에는 구릿빛도 스며들었지

가쁜 해를 가둔 구름이 쏟아내는 폭우
허리춤까지 쓸리어 습기를 잔뜩 먹을 때
아슬아슬한 기분을
벽은 무채색 벽화 쉴 새 없이 토하곤

인공치아를 이식한 후
달콤한 맛 일 분도 머물 수 없듯
외벽에 경량 스틸 끼워 맞춰
얼룩이 닦이는 한쪽 벽은 차갑고 씁쓸하댔지

오갈 수 없게 된 지문으로 손금을 풀었을 때
마지막 배역 다 하고 지팡이에 의지한
접근 주의 꼬리표와 주황 차에 실려 가는 먼지를
바퀴가 내려앉지는 말아야 할 텐데

새로운 벽이 쌓아지겠지
그 사람 처음부터
기단 하나에 놓인 회벽 창고
은은한 볕이 조명하는 벽화를 구상할 수 있으면 좋겠어

마찬가지 아닌 내가 오고 있다

태양의 미신과 이진법 세계 사이 태어나
언니 이름의 나이기도 했다

손수건 달고 글을 깨우치자
거듭거듭 손에 쥐어주는 고전
교복 속으로 꾸깃꾸깃 들어갔다

고래등 기와집 담장에 만발하는 능소화
친구는 여드름 비지를 자랑처럼 짜내고
나의 사춘기는 어디쯤 오고 있을까
꿈이 올 때 책벌레 되어 떨어지기도 했다

빨간 책은 독이 묻었다는데
나는 안 죽고 싱싱해져서

거슬리던 새벽 교회 종소리
앞날이 가린 율법의 어긋난 종이거나

붓다의 길은 인도를 걸으면 닮지 않을까
해가 저물도록 걷다가 돌아온 집은
터득해야 할 양식과 충고가 늘어만 갔다

은하철도는 구르마 타고 지팡이로 도착 못 하는데
물컹한 냄새 파일을 저장할수록
나는 끝내 자유를 찾아 절룩거리는 별자리

태양이 수직으로 떨어진 들무덤에 누워
늙은 하회탈 표정을 부조해 갔다

붉은 꽃 마른 내 가랑이 속 간지러워진다
검버섯 왕드름 피고 있는
뜨끈하게 사춘기가 오고 있다

예보

백일홍이라 착각했던 배롱나무를 심고
백일홍 꽃씨도 뿌려서 흙을 덮어줍니다
별안간 백일에 집착했던 두뇌에
한낮 어둠의 낙차가 커집니다
스쳐 가는 소나기
당신이 거세게 내리꽂힙니다
마치 기상청 예보가 떨어져서
흘러내린 액체에 대해
쏟아진 이유를 피해 갑니다
중심이 될까 봐 밀어낸 구석에서
은신하는 엉겅퀴 한 포기를 만납니다
단단하여 고통스런 야생화
당신의 무표정 비밀을 열 수 없듯이
보랏빛 우울한 노매드nomad라고 불러줍니다
삽날이 엇나가고 깊이 패일수록
땅이 가까이 부르는 속삭임도 들립니다
기억의 용량은 잊기로 한 것을 꺼내며

떠나보내야 할 것도 선명하게 키워주는지
부스러지는 흙은 보이지 않고
기상청은 이 건기를 어찌하려고
또 금방 멈추는 예보를 하고 맙니다

반갑지 않아도
맞이하는 손님처럼

옷을 벗고 있는
메타세쿼이아 가로수 길
길섶에 닿는 바람에
귀 기울이는 네 모습
소리 내지 않아도 들리시는가
움츠리지 말자
아름다움은 사라지지 않는다
기억 속의 푸른 자태
달라져가는 것일 뿐

3부

넉넉한 상처

구름이 유리창에 흘림체를 남긴다
몇 번을 써야 지워질까
못 풀고 만 상처는 때마다 표식이 된다
흰 벽이 깨어날수록 뚜렷한 양각이다

당연한 세계를 거부하고픈 우리는 얼핏 닮아
모로 찌그러지고 굴려 간 원형
수억 바퀴 돌아 나와
구두 벗고 운동화처럼 굴레와 유목의 등을 맞댔다

늦가을 외투가 땄을 목화송이와
입술에 빌린 환형동물 떠올리며 비볐을 때
더 늙기 전 유효의 하루처럼
좋은 마음 동요하고 거친 마음도 꿈틀했을 것이다

수정 없는 완성이 어디 있겠어
조심하자 억울할 것 같아

살아서 이별은 균열 생기고 어깨 작아지니까
배경 앞에 선 감정들 조명 뒤 웅크린 조도를 응시했다

자신답게 사랑하고 사라질 수 있는 희망이란
시간의 두께만이 알 수 있을까
연고도 알약도 준비 없었던
번지는 기억을 향해 넉넉한 상처라고 쓴다

재생 중

너는 오래된 풍경에 갇혀서
사랑해
나는 액자 속 그림이라고 중얼거려
지독해
그런데 말이지
테두리가 어긋나니 그림도 흔들린다
유리가 와르르 쏟아질 것 같은
예감을 마주할 때
드라마 속 여자가 떠났어
주연이 아니었나
남자는 반응 없이 고요해
잠시 어깨가 흔들리지
제발 나오라고 했잖아
너는 다시 테두리에 핀을 박고
풍경을 맞춘다

그 봄날의 나무는

사라진 지 오래되었어

동백 한 그루 심어놓고 꽃은 보지 못했네

늙은 남자 만나
동백처럼 한 시절 뭉툭 떨어진
눈이 깊어 수심 마르지 못하고
체면도 가풍도 버려야 했던
평생 독방에 갇힌 여자를 만났지요

안 떨어진 그 남자
못 떨친 그 여자
물질하고 돌아와 여문 달밤
유자 빛깔 속살에 파고들어
천형이 되고 말았다지요

백번을 굴러봐도 뿌리내린 씨앗
추상이 온몸을 휘감으며
어깨 바짝 구부려간 밤들
스산한 바람만 뼈마디에 새겨지고
망각의 강 그득히 멀기만 했다지요

요양병원 창에 들린 옥빛 하늘
하냥 물색이 곱다네요
새댁은 뉘시냐고 해맑게 웃는 여자

그 사람 또 만날까 봐
한 번만 꼭 만나보고 싶다던
맺지 못한 정분은
그렇게 왔다 갔다 하고 있었지요

돌담 아래 심어놓은 동백 한 그루
지금쯤 빨갛게 꽃이 피었을 거라지요

꽃은 누군가의 대명사
—할매 아리랑

겨울 창 안쪽에 비틀어진 선인장
가시가 몸인 것은
전생이 지독한 파란이었을까

얌전한 그 여자 고장 난 무릎이 어른거리네
지아비와 맏자식 앞세운 억장에서
조로해버린 과부 아라리가 떨어지곤

무명 고분의 뼈처럼 남은 다리
몸뻬바지에 감추며 절룩절룩
늦도록 산 노을이 머물던 비탈진 밭 파고 묻고
해를 따라 흙으로 부스러져갔네

감자꽃도 파꽃도 부추꽃도
살아있는 것 죄다 고운 전설 피우고
끼니에 모자란 망초조차 눈 찌른다던

송장 돼도 입 뗄 수 없는 아라리 꽃을 아시는가

아리아리랑 스리스리랑
사람만이 인두겁 쓰고 저승꽃 피웠다지
양은 주전자 막걸리 한 되만이
하루치 삶이던 그 여자

입술에 흘린 말들을 닦을 때
동굴 속에 갇힌 긴 슬픔 묻어나는데
징그러운 서사일수록 치명적인 발화
뱀딸기 노란 별꽃은 줄기를 뻗어갔네

볕은 지하의 어둠을 위로할 수 없고
꽃마다 고난 뚫고 지어낸 누군가의 후일인 듯
바람이 등을 타네 아라리가 터진다네

섬의 비망

물에 쌓였을 뿐
좌초한 배는 돌아가지 않고
길을 내며 헤집고 다닌 거지

섬에 홀렸다는 소문이지만
이끼와 습윤 속에 드러낸 물상들
뜻밖의 아늑하고 신비함에 머물렀는지 몰라

불을 피웠으나
연기를 몰지 않은 채 더디었을 허파
물때를 알고부터 숨 막혔을 거야

물비늘만 지독한 갑판에서
섬의 고독을 덩어리로 분말처럼
억류되고 싶은 속삭임과 너울의 징조였지

나침반 운세를 허공에 띄워

다시 스킬라 바위섬 사이 섬
익룡의 대륙을 찾게 될 테니

배가 돛을 세우고
최초 정박을 송신하듯
파도의 날갯짓 차올랐지

섬은 그대로 가만히 바라볼 뿐

겨울 화분

오층탑 철쭉 화분의 헐벗은 가지
이별 직전이란
한 번의 기회를 노리는 화려한 가면이기도 해서
잠시 휴지기라고 반발했어

버티컬 접은 창문과 바람을 선물하고
매달린 몇 이파리 세울 때
요행을 바라는 일
창문의 두께를 바꿔줄 수는 없었지

우리가 최초 품었던 풍경엔
초록만 있어도 좋았어
노랑 빨강은 틈을 만들게 돼
염색모거나 립스틱이면 족하다고
모발에 입술이 섞일 때 꽃잎 비벼본 냄새가 났나

겨울은 짓궂어서 갈팡질팡하곤 깜빡

햇살이 태우던 오후의 속임수에
근종이 말라버린 것처럼 물을 주었어
너의 탄력적인 근육이 가뿐했는데
하필 그 밤에 기록적인 한파라니

갇혀서 괴로웠을 꽃의 생과
선명해진 손등의 초록 마블링에 대해
점점 달싹여가는 입술은
그만 막혀버린 화분 구멍을 원망하고 말았어

아니야, 나는 살아있어 눈을 감았다

겨울은

사랑해달라고 멈춰 선 계절이야
구름이 당신 표정을 만들어가네
비만 내리지 말아줘
푸른 대문은 벌써 닫혀가고
꼭대기 방 불도 서둘러 꺼지려고 해
마지막 낙엽이 떨어진 곳에
낮은 체온들은 할 말이 많아
손바닥을 마주쳐봤니
찬 손들은 주머니가 뭉툭해져
조심해, 순간 넘어지는 균형이야
마지막 달력에 남기 위해
거리의 조각들이 사라지고
나의 썰렁한 목은
빌리고 싶어지네
당신을 목도리처럼 두르고 싶어

달밤

어찌 그리 얼굴 하얗십니까
맘이 얼굴이라면
나는 누렇게 떠서
아미를 흉내 내는
안타까운 여자일까요

달님 닮고 싶어서
버티컬 반만 닫아놓아요
밤마다 들키지 않으려고
베란다에 나가
빨래를 널고 빨래를 걷지요

산봉우리 껴안고
만삭처럼 보름달 차오르면
창문을 열고
속살까지 물들기를
나긋나긋 사랑이고프지요

기발한 저녁

멀리서 꽃으로 부르지 상투적이야

마스크 쓴 너를 내리고
한 발 더 내디며 뒤축을 세워도
흔들리지 않는 각도란
단조음이 쓸리던 적벽 결

표적을 놓친 어슬렁에도
마냥 비벼대던 치타의 사랑법을 떠올려
혀의 놀림을 최대치 탐닉이라 해

간밤 눈 붙이지 못한 이유로
난감한 눈을 뜨게 될까 봐
새끼 치타 구르던 몸짓까지 가장할 거야
새치기당한 표정이 돼도 좋아

벌겋게 하늘을 태우는 장면

그리고 마저 개운하게 매운 라면을 먹자
후 후 어때
금세 포근한 어둠이 쏟아질 텐데

한발씩 뒤로 가는 사진을 찍고

장과장 카센터홍박사 딴따라조 자연광윤 호형호제걸 매너종

당신이 어깨보다 가슴이 넓은 것을 알고 있구나

내 친구 희 선 정도 다정이 병이라 부를 만큼 친절한 남자다

독수리 타법에 간이역까지 들리던 사라진 완행열차 속도

누군가와 톡을 주고받을 때 손끝 빠르고 매끄러워 놀라워라

꽃철 이미 지난 것 알겠다만 후줄근하긴 당신도 마찬가지

대답 좀 스무스하게 해주렴 어제 약속인데 더듬을 게 없잖아

잊었다든지 불쑥 호출하는 번개는 귓속말 예의를 갖추었구나

엘리베이터에서 표정을 복사하며 내려가겠다 멋질 거야

한때 서로만 바라보던 세공사

지금 우리는 타인 앞에서 빛이 난다

망할 대화

캥거루 가족 언제까지 할 거야
스물다섯 때
서울 아래 흩어진 동생들 오류동 꼭대기 단칸방 구하고
나무젓가락처럼 딱 붙어 누웠다
잘 빚어진 흙-수저라도 되자

서른 살 네 나이에 자매 낳아
초원을 마구 달릴 수 있게 했다
머리 쥐어짜며 깨어나는 게 꿈이 될 줄 몰랐다
아쉬운 대로 은수저면 어때

대답 좀 듣자
톡 톡 톡

엄마
라떼 드실래요

녹차라떼 초코라떼 얼음라떼
리필 무제한 제공도 가능해요

꼰대라떼는 메뉴 등록 안 돼요
ㅋㅋㅋ

늬들이 탱자라떼 맛을 알아
ㅠㅠㅠ

내게로 와 30년산 CHIVAS- 꺼낸다

사골 국물에 넣을 마늘이 필요해서
종이상자에 저장한 마늘 한 통 꺼내는데
제 보관함에서 떨어진 감자 한 알
싹이 자라서 마늘에 빨대처럼 꽂혀있다

마늘 알리신 쏘는 맛이 만만치 않고
감자 솔라닌 짙푸른 맹독은 더했을 것
빨리고 빨린 앙상함으로 빈 껍질만 남아있다

찔리고 속 비워가며 위험한 게임일까 전율했나
그래도 겉모양 멀쩡하고 잔주름 부드러워
두 손 받쳐 신혼 시절 접시에 옮겨놓았다

죽여가며 지켜가는
죽어가며 지켜주는
오래된

삭아버린 것의 응결체(凝結體) 된 우리의 시간 꺼낸다

이제라도 저 독한 것을
마시고 말리라 씨바스

건너오는 계절

불면 기습하는 밤
거실에 나와 납작 엎드린다
어둠의 공간에 퍼붓는 비
빛이 새면 어느 절규가 골목을 깨우겠지
칠흑 속으로 꽂히다 만 전화벨
별일에 대해 59초 골몰하다
언제부터 아버지는
머리맡 폰을 실수로 누르셨으니…
빗방울이 매달린다
문득 K화백 그림이 생각나고
신이 그린 물방울 한 개는 얼마를 칠까
무뎌진 반사 신경에 닿기라도 한 듯
고향 집 텃밭 냄새 훅 들어온다
무르고 마르기 전에
뜯어온 고구마 줄거리 벗기고
깻잎 순 장아찌 담가 둬야 해
안전하지 않은 도시에

고추벌레 깍벌레집도 따라와 있다
고랑과 두둑은 희미해지고
약봉지 한 공기와
절뚝댄 걸음으로 노을 한 점 끌고 가는
구순의 부모
아직도 자식은 마침표가 아니다
파종할 마늘을 손질하고 계시겠지

빗소리 잠그고 고요한 아침을 지었다

뱃살 행복론

페달 구른다 삐그덕 자전거도 물렁뼈 있나
주인 관절 지켜준 지렛대 고장이다
사람이든 기계든 예외 없이
"닦고 조이고 기름칠하자"
시대의 표어는 그럴 듯 적절할까
근육량 부족하다는 건강 검진표에
복부비만 주의로 두 줄 그어진 적색 경고
학꽁치처럼 날렵하다고 호들갑 떨지만
아랫배는 슬그머니 복어 주머니 매달려 있다
자글자글 바글바글 졸이고 넘치며
풀어 나온 집이라는 수수께끼 주머니
나이 값 덤 얹어준 행복 덩어리란다

시커먼 똥이 담긴 멸치 한 마리 물고서
나는 쐬주 한 잔 찐하게 넘긴다

4부

토끼 선생 1

유순하다고 건드려보는 것 아니다
풀만 먹는 동물이라서 나약하다고 하는 것도 오판이다
동물의 세계를 유심히 본 적 있을까

그저 앞만 보고 달리는 토끼가 아니다
전력 질주해야 할 때와 위기에 몰리면 공중곡예로 따돌리고
역방향으로 사라져 버릴 줄도 안다
떼거리 몰이사냥에 당해낼 재간이 없는 것이다

토끼를 지혜의 동물 꼽기는 수궁가 전래뿐이겠나
여리고 겁 많은 눈은 다른 동물 해치는 법 없고
보리똥 입으로 풀이나 뜯어 먹지만
생물 도감에 멸종이 아닌 생존력의 기록
거대동물 사이에서 반려로 남은 평화주의자인 것이다

공격을 받으면 방어를 할 수밖에
숨고 피해야만 하는 불행하게도 그 방법을 선택할 뿐
태생적 결벽증 유전자를 자극하면 극도의 예민함에
제 새끼도 해쳐버릴 만큼 포악해진다고 쓴다

조롱은 당신보다 크고 센 사자를 향하고
제 반경 어두운 굴속을 비상구처럼 나고 드는 토끼
발견하거든 귀엽고 가엽다고 덫을 놓지 말아야 한다
나도 토끼 굴로 도망칠 때가 됐나 보다

올겨울은 눈이 적어서 토끼가 은거할 곳이 없겠네*
올겨울은 눈이 많이 와서
김수영 시인도 지하에서 끌끌 혀를 차겠다

* 김수영의 시 「토끼」에서

토끼 선생 2
−눈에서 곡을 읽다

눈자위 지우는 눈 지우개 가루처럼 떨어지는 눈
지면의 획을 지운다

태초 어디든 맘껏 눈부신 광채의 땅
수로를 파고 관문 표시하며 영역이 됐다
무리 지어 부르는 지름길
악해질 때 또 하나의 강렬한 빛에
길들여져 가는 환영이 되었다

부러진 새의 부리와 적안의 토끼가 있다

색색 풍선 터뜨리며 각 잡아 펼친 면 위로
고속 쾌속 변속 백색 등장과 방음벽 사이
붐 부음 폭식 거식의 품목들
연인의 눈먼 신음 주먹을 쫓고
지구대 경고음 갈팡질팡 취객의 공친 하루를 알렸다

하늘에 문을 달기 위해 높게 더 높게
깊은 밤 공중 안내판에 객사의 숫자를 새긴다

여름은 이분 삼십초 밥을 데운 전자레인지 공기
인디언 부족 온도계라는 귀뚜라미도
서둘러 계절을 여과한다
노면으로 숨어든 블랙 아이스, 당신 안녕하신가

하얀 점자들 쌓여
흰 뼈의 전언 남기는 공동 무덤

토끼 선생 눈에 불붙는다

어느 죽음의 고요

외출에서 엿새 만에 귀가한 집, 고요하다
목이 말랐을 금나비호접란 열일곱 꽃송이 떨어져 있다
열일곱 살 도시의 여상에 입학하고
이따금 연탄가스 피어올라 질식시키던 언덕배기 처마 밑 자취방
교정 옆 기찻길에 슬픈 눈동자를 묻곤 했다
꽃송이 하나하나 주워 쌓아 놓았다

문득 환청처럼 들린 아버지 음성
새벽 화단에 싹을 틔워 자리 잡는 백일홍 열다섯 그루라 하니
"두 개 더 있다"
서늘한 목소리로 찾으라고 하셨다

돌 틈에 가냘프게 끼어있고
고양이 방지 그물을 뒤집어쓰고 있는 또 한 그루, 언뜻

구순의 노구는 열일곱 나이의 핏빛 천지
아직도 족쇄처럼 채워진 채 짐을 내려놓지 못했을까
아버지가 맞아요
찾았구나!

꼭두새벽마다 땅에 켜는 꽃과 열매를 고스란히 세고 계셨다
무더기 고요의 숨들

나는 발코니의 동사 직전 살아낸 만천홍호접란
한 잎 틈 반 뼘 꽃대에 눈 붙인 꽃망울 일곱 개 헤아린다

들고양이가 들려준

 산그늘이 진을 치던 바위산 밑에 까치집처럼 놓인 상여꾼 집 한 채 있었다 그가 병에 걸려 죽게 됐다는 소문과 문구멍으로 마을 앞 냇물 소리가 유난한 밤이었다

 밤새 세간이 나뒹굴고 아낙의 쉰 목소리와 차돌 같은 형제가 불꽃으로 튀던 골목을 따라 상여꾼은 지게에 지고 가던 염포처럼 음습을 말아 갔을까

 서울행 막차에 가난이 줄을 서고 제사에 붙잡혀 망자되어 떠난 자손의 빈 문패들, 골목은 허물어진 담장에 숨어 처박힌 허물을 들추는 들고양이들 주인행세다

 훗날, 요령 치던 목소리 닮은 짜장면 배달부가 서울 부촌 중국집 사장되어 고향 사람 거저 대접한다고 버스를 대절했다고 발칵 뒤집혔다

 망자 가는 길에 목 놓아 풀어주던 상여꾼의

이승에서 다 갚고 간 전생의 업이라며
집 나간 아들이 살아서 복을 지었다는 믿어도 되는
이야기

어느새 나도 슬쩍슬쩍 북향을 바라본다

벽의 사각지대

최소형 원룸 벽은 얇고도 야릇했다
생쥐가 들락거리고 고릴라 복장 터지는 소리가 들렸다
벽 뒤 젊은 부부가 될 거라니
벽은 샌드백이 될 수 없지
침대 다리 부러뜨릴 체험을 하는 거겠지

늦은 밤 벽에 붙인 중고 세탁기를 돌리거나
벽에 붙은 국내 상표 TV 볼륨을 뜨겁게 켜기도 하며
벽 하나 두고 내상을 가하는 신경전
매번 지고 말았다

말초신경은 살아있는 본능을 당할 수 없다
전조가 들리면 감동마저 낳는 반응의 얼룩들
불면, 혼미한 출근, 지적당한 하루, 덜덜거리는 연봉
벽의 균열이 생겨났다

난 혼자라서 이길 수 없어요

벽을 더 두껍게 발라주세요
벽은 영양가가 충분히 표시된 곳
검수자의 품질은 나와 같았나 보죠
집세 받는 책임뿐인 건물주

벽을 두고 맞댄 고부간, 줄줄 자식을 폈다는 애국까지
그저 그런 바닥의 가십이고 시끄러운 고막
벽에 갇혔다

그것이 너의 능력이니 보여 달라는 매력적인 자본주의 자격조건
영혼 끌어모으든 팔아 제치든 위로 위로
수단이 건설적인 방법을 능가할 때 벽은 새로 세울 수 있겠다는 결론
벽은 때로 무모한 용기를 쥐게 했다

위로 향할 때 위로해야 하는 사람들이 쏟아진다

함박눈 예언

오후 세 시 함박눈 몇 송이 신호를 보낸다
시간을 넘기며 페이지를 접는 하늘
거리는 바이오 요쿠르트를 받아먹듯 축복의 표정이다

이후는 흑백의 배경과 모로코 돌풍*에 대해
로또 버금가는 배팅이 들리고
타다닥 심장이 타들어 가는 여분이다

눈 덮는다

금지된 저녁 커피를 또 마셨다
길어질 몽롱한 밤, 애써 불면과 대치하지 않을 것이다

얼음장 손 녹여준 친구 이름이 세 개로 불리고
내 기억은 어디부터 망각되는가
경계 넘긴 손톱 삼 밀리를 세워 머릿속 파낸다

'미학적으로 완벽한 건 딱 하나 돈뿐'
휴일에 본 재벌 드라마 대사가 암기된다
망각 증세를 뚫는 역전 골처럼 저장되어 있다

나는 시인으로 망했다는 암시인 것인지
문장들이 쓰러지는 저녁, 그래도
버틸 때까지 버티다가 지구 최후에 망가질 것이다

눈
덮고 있다
녹고 있다 다시 날린다

* 2002년 월드컵 4강에 올라 프랑스와 격돌

지구는 편집증

어제는 촛불 백만 개를 태웠고
오늘은 인공지능이 움직이는 거리를 추적한다
인도의 비좁은 곳에서 소신을 사수하는 일인의 시위
우리는 회피하고 해피하자
회전문 유리에 걸려 구겨지는 표정들

투명하게 사육될수록 불가능한 출구를 찾는다

금고에 갇히다

원고료 받는 날에는 마을금고에 간다
불나고 무너지고 도둑 들어도 예금자 보호 오천만 원 지켜준단다

출발한 중년열차 향기롭게 시를 쓰며 만 시간 아니 이만 시간
버티다 보면 금고에 노잣돈 보태질 거라고, 붙여도 좋을 금고형 벌

이생이 저 생으로 바뀔 때 곡소리가 커야만 구천 떠돌지 않는다니
장례비 신세 안 짓겠다는 약속까지 다짐했으니

그중 십 년 지나고 남은 반도 기울어졌다
언제나 깡통 소리, 언젠가 무소리의 자위

원고료 몇 번 출간 인세 몇 푼 받아봤지만

문학회비 행사비 어쩌다 감투 봉사비 어림없는 동경되어 주절주절 매달린다

이른 아침 하늘 부르며 간 까마귀
고료 삼만 원 입금 문자와 잡지사 형편도 추가다

어디서부터 혼돈은 그물을 치는가
저만치 서쪽 마을금고 간판 글씨 모서리 한 줄 보인다

노장의 포장마차 씨앗 호떡 가게 들렀을 때
한 개만 주세요 소화가 예전 같지 않아요

갓 등단 시인은 궁금증 주문이 많았을 거야
오래된 골목 올갱이 해장국 집, 맛을 묻고 비워낸 국물로 답이 됐으면

고무줄 한 번 더 감아야 묶어지는 머리카락, 키 바닥

운동화도 필요하겠어
 은행 온라인 앱 대신 내 시 값 옮기러 금고에 간다

 하아! 감도 떨어졌으니 종신형 벌이다

자물통에 꽃이 피었다

 구석구석 채워둔 자물통과 아버지 혁대에 줄을 선 열쇠들
 언제부터 허리춤에서 찰랑찰랑 소리가 들렸다
 서리서리 거두고 저장한 질곡이었다

 밤새 통일호 열차에 흔들려 오신 외풍에 쩍쩍 들러붙는 자취집
 보자기에 싸맨 김치 들기름병 고춧가루… 붉은 찰밥덩이 풀어놓았다
 자식들 마음만은 해지지 마라시며 연탄아궁이 구멍 두엇 열어놓고
 눈 부칠 새 없이 해를 재며 내려가셨다

 해를 넘겨 비워도 가져갈 것 없는 세간인데
 어둑발에 거미 먼저 닿으면 사납다는 운수를 탓하시곤
 자식 하나 서울 유학 마치면 밥벌이하게 되면

자물통을 움켜쥐고 한 번 더 당기셨다

삐그덕 틀어진 문소리를 따라
말라붙은 시래기 이파리 날아와 머리에 앉았다
무겁지 않으세요
아먼
어느덧 목이 걸린 반 거울에 싸락눈 빼곡했다

허리뼈 구부린 열쇠 꾸러미 벽에 못 박아 입적시킨 후
자물통에 번지는 꽃물들
이제 맘껏 가져가라 하시는데
풀린 자물통에 빨간 꽃들만 구슬피 환하다

허물

화장이 두꺼워진 나이
눈을 턴 꽃망울에 시선 거두며
희고 순결한 베아트리체를 예찬하지 못했다

어두운 겨우내
꽃눈을 감싸고
일곱 날 우윳빛 터지는 풍등 꽃송이

달빛 아래 애잔한 기도를 모으던
처녀들의 백옥 손이었다가
서늘한 유리창에 부고를 알리듯
새벽하늘 수의처럼 펼친

생의 파도 어느 정점에 머물러선
매달린 얼룩을 닦느라 뽑아 쓴 티슈
구린 뒤마저 드러낸 자태로 바닥에 널브러졌다

목련! 절정에 투신하고
각혈하는 동백을 질투해 버려라
가려진 진혼 미사에 눈을 감는다

살아났다, 소

섬진강 둑이 터졌다
전례 없는 장마와 물 폭탄을 맞은 마을들
삽시간에 우사와 집의 내력이 쓸려갔다
어미 소와 송아지가 화들짝
망연자실 목을 놓지도 못하고
파란 양철지붕에 올라가 슬픈 눈을 켜고 있다

며칠 뒤
소가 살아있다!
폐허의 땅에 들이치는 빗줄기
구례에서 65km 휩쓸린 남해 바닷가 무인도에서 발견
합천에서 85km 떨어진 창원 둔치의 야구장에서 발견
……
홀쭉해진 등짝이 키메라에 잡혔다
풀을 뜯어 먹으며 차라리 한가로운 배경이다

우생마사牛生馬死에 빗대며 쏟아지는 칼럼들
끝내 희망처럼 앞다퉈 타전한다

살아났다, 소

아래 글은 기사에 남겨진 댓글이다
-잃어버린 자식이 돌아온 것 같아서, 기적처럼 살아나서 팔 수 없다 -주인
-잠깐의 자유
-로빈슨 표류기
-다시 끌려왔구나
-사람보다 끈질긴 생명줄, 영물일 거니 장수하게 해달라-
-구사일생 이전에 자연사를 하게 해달라
-제발 도살장에 넘기지 말아 달라
……

눈물 어린 당부가 주르륵 이어진다
생생한 기적의 현장
감동의 시 한 편 받들었다

우화등선 羽化登仙

발코니, 분홍에서 연분홍으로
호접란꽃 몸을 바꾸고 있다

날개를 켜고 나비가 되어 간다
흰 모시적삼 빛깔 드리우면

입은 옷 서툴게 개어놓고
홀연히 사라질 것이다

본 적 있냐고 말하지 마라

바람만 통과하는 방충망 그물
창틀도 꼭꼭 빈틈없는데

검은 줄 흰 나비
뒷모습 팔랑팔랑

나는 떨어져 있는 한 송이
고요히 펼쳐 불어본다

흰 달빛 조각하는 변두리의 저녁

 책 낱장은 비현실이고 지난날 학문으로 지금 요긴한 밥 구실을 할까 싶었다 과년한 딸은 불리한 면접을 뚫고 취직해 서울 변두리 방 한 칸 세 들었다

 출근길 얼어있는 계단에 미끄러져 발을 다쳤다는 울먹임, 병가 내며 아프단 말보다 밥줄 끊기고 적금 못 부을까 봐 죄처럼 미안하다고만 했다

 말렸지만 끌고 간 책상이 반의반 차지하고 구석에 밀어붙인 중고 전자피아노, 시린 등뼈 녹인 것인지 세상 물정 알라고 밀어낸 말들에 크레센도 두들기다 멈춘 것인지

 "왜 못 버려?" 유아 때 몰래 치운 낡은 핑크이불 기억을 되돌린다
 아이에게도 허공에 걸린 눈빛이 있었다

 딴엔 요령껏 세간이며 옷가지 배치하고 피하여 제 몸

눕고 세웠을 것, 입구부터 달라붙은 신발 냄새 세탁기만 빠져나온 셔츠 냄새 쪼개서 두 끼 때웠다는 배달 음식 냄새들

짜고 단단한 슬픔은 방 한 칸 키워줄 능력 없는 어미 보란 듯 오후 내내 닦고 치우고 정리의 기술 확인한 후 앉을 자리를 내주었다

보일러 기능 온돌로 잡아 돌리고 밥 한술 후루룩 뜨는 동안 찜질방처럼 뜨끈해지는 바닥, 한 팔 뻗으니 너의 볼 만질 수 있는 거리다

단칸방에서 구물구물 먹구름 한 장 덮던 날, 굼벵이처럼 말아 잠든 옛날도 다녀간다 이 정도에 질식하지 않을 거다 달빛 줍는 방 몇이나 되겠냐고 가만히 손을 쥐었다

책 하나만 믿게 한 나의 지옥, 서서히 빠져나가고 있다

내 시는 이구아나

내 시는 진술이 고봉, 비유는 도달하기 먼 스카이크레인

비문이거나 작위적이거나 기 승 전 일맥 산통의 결

불안한 이구아나처럼 저를 숨기려는 보호색

꼬리 자르고 도망을 간다

흐릿해진 눈을 키우기 위해 배터리가 남아있을까

이 길 끝엔 악어 떼가 늪지대처럼 위장하고 있을까

다시 비명을 확인하는 검은 문의 아침

등선 칼날 비늘이 발끝까지 서있다

도망 나온 이구아나가 변색하지 않아도 좋을

숲속 찾아 초록 나뭇잎이 되어버릴 때까지

쓴다

해설

그럼에도 꽃이 피듯이, 우리는 살아있어

장은영 (문학평론가)

1.

 최초의 삽화집으로 알려진 『꽃 그림책』(1675)은 꽃에 대한 지적인 호기심과 열망을 담은 플로럴리지엄(florilegium)이다. 이 책은 꽃이 인간에게 시각적 아름다움의 대상이었던 것만이 아니라 인간이 흉내 낼 수 없는 자연의 경이를 안겨준 대상이었음을 짐작하게 한다. 오랜 관찰과 탐구 끝에 다양한 꽃들을 세밀한 그림으로 완성한 마리아 지빌라 메리안(Maria Sibylla Merian)은 꽃의 섬세한 아름다움과 더불어 이질적인 존재들이 공존하는 자연의 조화로운 생명력을 여기에 담고자 했으며, 상상력과 영감의 원천인 꽃을 재현하려는 인간의 예술적 욕망도 함께 담아내고자 했다. 꽃과 곤충에 대한 관심을 넓혀나간 메리안은 후속작을 함께 묶어 펴낸 『새로운 꽃 그림책』(1680)의 서문에서 꽃의 매력은 애호가들의 눈을 멀게 하는 것이 아니라 보지 못하는 눈을 뜨게 만든다는 말을 남긴 바 있다. 꽃을 향유한다는 것은 단지 아름다움을 소비하는 행위가 아니라는 메시지이다. 메리안은 자신의 꽃 그림을 통해 후대의 독자들이 자연에 대한 경이와 존중을 배우고 일상에 길든 미적 감각을 되살려냄으로써 삶의 아름다움을 감각할 수 있기를 바랐던 것인지도 모른다.

이 책에 담긴 바람은 김명이의 네 번째 시집으로 이어진 것만 같다. 갖가지 꽃들이 풍성하게 등장하는 김명이의 시는 꽃의 이미지를 변주하며 감각적 아름다움을 형상화할 뿐만 아니라 삶에 대한 상상력과 사유를 넓혀나가는 언어의 플로릴리지엄이다. 꽃이 환기하는 이미지는 매혹적이고 신비로운 이야기가 되기도 하고 국경 밖에서 일어난 혁명과 희생을 떠올리는 매개가 되기도 한다. 또한 일상 속에 배치된 꽃은 현실에서 일어나는 일들을 재조명하게 만드는 오브제의 역할을 하기도 하고, 삶의 굴레에 갇힌 인간의 형상을 대신하는 역할을 맡을 때도 있다. 꽃은 소재이기를 넘어서서 우리가 살아있는 존재임을 일깨우고 삶의 아름다움과 가치를 되짚어보게 만드는 시적 사유의 핵심이기도 한다. 시집 한 권에 담긴 꽃의 향연을 음미하다 보면 감각적인 자극에 잠시 몽롱함도 밀려올 테지만 "생의 욕구"(「작약을 앓다」) 앞에서 자유롭지 못한 현실과도 곧 마주하게 된다. 김명이가 언어로 피워낸 꽃은, 삶에 대한 감각을 일깨움으로써 삶을 구속하는 현실과 맞닥뜨리게 하고 살아있음의 의미를 스스로 묻게 만드는 하나의 질문과도 같다. 시를 읽으면, 시 속에서 호명된 꽃들이 일상에 속박된 삶의 감각을 조용히 휘젓기 시작한다.

보랏빛 작약의 이미지로 감각을 사로잡는 첫 시에는 작약의 아름다움에 탐닉하는 '소녀'가 등장한다. "보라꽃무늬 원피스 입은 작은 소녀"를 작약에 대한 비유로 읽을 때 '소녀'는 여리고 보드라운 작약 꽃잎의 섬세한 아름다움을 보충하는 대리물로 여겨지고, 이 시는 꽃에 관한 한 편의 전설이나 신화처럼 현실과는 무관한 신비로운 서사로 기억된다. 하지만 다시 읽어보면 이 시가 작약에 대한 탐미적 열정을 보여주는 데서 그치지 않고 또 다른 이야기들을 함축하는 텍스트임을 감지하게 된다.

> 보라꽃무늬 원피스 입은 작은 소녀
> 꽃향기 넘실대는 파란대문집 알바를 자청했어
> 귀족꽃 노예가 되었기에
> 그을음 도배하는 연기를 마시고
> 먼지가 걸레를 염색하는 긴 마루를 닦았어

작약 한 뿌리 얻어 돌아왔네

담장 안 굴뚝도 이따금 허기진 시절
농가 마당은 꽃밭이 될 수 없다는 금기를 어긴 채
담벼락 구석 한 뼘에 뿌리를 묻었어
사월 지나야 땅을 뚫고 해를 향해 목을 뺐지
초록 손들이 망울 틔우고 흔드는 환상통
소녀는 꽃의 광신도가 되어갔네

꽃잎 풀어놓을 때면 입술에 허언을 낳는 밤
며칠은 불행한 무덤을 헤아리거나
손가락 찢어지고 스카프가 날아간 꿈을 꾸기도 했어
떨어진 바닥에서 빛바래 간 작약
퉁퉁 부은 눈으로 한 잎 주우며
감각을 죽여 가는 일이 생의 욕구라고 가늠했네

매캐한 자유를 삼키는 유령들의 보라
향기는 수렁에 빗대어 몽롱해야 할까
장미 백합 수국 칸나의 계절까지도
뜨겁고 은밀한 몸을 거부해야만 하는 신화

고귀한 내력만이 영원한 향배인 듯
그녀는 또다시 가을 칼꽃을 예찬하고 말 것이네
―「작약을 앓다」 전문

'소녀'는 탐미적 열정의 화신과도 같은 비현실적 존재로 보이기도 하지만 한편으로는 "생의 욕구"를 충족시켜야 하는 현실에 직면한 존재이다. 아름다운 꽃을 얻기 위해 소녀는 자신의 노동력을 팔고 그 대가로 "작약 한 뿌리"를 얻는다. 그것을 심을 "꽃밭"조차 없는 처지이지만 소녀는 "농가 마당" 한 켠에 작약 뿌리를 심고 꽃 피기를 기다리며 점차 "꽃의 광신도가 되어"간다. "허기진 시절"을 보내는 소녀의 가난한 처지를 생각하면 곡식이나 채소를 심어야 할 곳에 꽃을 심고 아름다움에 탐닉하는 것은 불합리한 일이다. "생의 욕구"로 집약되는 현실적인 문제들을 우선시한다면 감각적 아름다움을 위해 노동과 열정을 바치는 소녀의 행동은 무모하고 철없는 것일 테고 꽃은 무용한 것에 불과하다. 하지만 우리가 감각을 지닌 존재임을 우선시하면 달리 생각될 수 있다. 소녀의 행동은 감각을 구속하는 현실적 명령에서 벗어나 자유를 실현하는 과정으로 보이기도 한다. 이 시에서 소녀는, "감각을 죽여 가는 일이 생의 욕구"라고 믿는 어른들과 대비를 이루며 감각적 자유를 향유하는 존재인 것이다.

소녀의 이야기를 현실에 대한 알레고리로 읽는다면 어떨까? 현실의 명령에 순응하는 이들에게 소녀는 불합리하고 비이성적인 존재지만 소녀의 입장에서 보면 그들이야말로 세계에 대한 감각을 상실한 현실의 노예와도 같다. 그들은 스스로 세계를 감각하는 능력을 포기했으며 자신의 이상을 선택하는 자유마저도 포기했기 때문이다. 그런 점에서 시인이 이 시집의 서두에 "꽃의 광신도"가 된 소녀를 등장시킨 건 우연이 아니다. 소녀는 현실의 명령에 순응하며 감각적 자유를 상실해 가면서도 자유롭다고 믿는 우리 자신을 돌아보게 만드는, 곤란하고 난감한 존재이자 질문이다.

사족을 덧붙이자면 삶의 감각은 이 시집 전반을 관통하는 화두이기도 하다. 팬데믹 시대의 경험을 통해 시인은 마스크 한 장으로도 삶의 감각이 퇴화될 수 있음을 감지하고 그것이 초래할 단절과 고립도 예측했었던 것이다. 이 시집에는 삶의 감각이 약화되면 세계와 타인에 대한 무관심이 깊어질 뿐만 아니라 우리가 각자의 욕구를 충족시키는 고립된 삶에 갇히게 될 거라는 우려가 담겨 있다. 소녀로 빌어 화두를 던진 시인은 시적 언어를 통해 삶의 감각을 깨우고자 한다. 작약을 탐하는 소녀처럼 현실의 명령 속에서 방치되거나 퇴화된 삶의 감각을 발화시키는 언어로 말하고자 한다.

2.

이 시집은 「작약을 앓다」가 보여준 신비롭고 매혹적인 알레고리적 상상력 외에도 "핏빛, 꽃잎의 비밀/무섭도록 번지는 꽃이여/내 살 속으로 파고드는 가시여"(「장미의 살점들」)라며 피와 죽음과 혁명을 형상화하는 숭고한 상상력이나 발코니에 떨어진 호접란 꽃잎이 "검은 줄 흰 나비"(「우화등선羽化登仙」)가 되어 이승에서 저승으로 날아가는 선적(禪的) 상상력에 이르기까지 꽃에 관한 다양한 상상력으로 채워져 있다. 그런데 이 해설을 통해 반드시 짚어야 할 점은 꽃을 매개로 한 심미적 차원의 상상력이 삶에 대한 근본적인 질문으로 이어져 있다는 사실이다. 꽃은 삶과 죽음 사이에 존재하는 인간의 숙명을 일깨우기도 하고, 환경으로부터 자유로울 수 없는 꽃처럼 현실적 제약 속에서 속박된 삶과 실존적 존재의 취약성을 드러내기도 한다. 실제로 김명이의 시에는 안정적인 경제 활동과 공적 영역에서 배제·소외된 이들의 모습이 자주 등장하고 그들이 살아가는 암울한 동시대의 풍경이 펼쳐진다. 시인은 가까이 있는 가족 구성원이나 지인들의 모습을 통해 동시대인이 처한 삶의 모순을 포착해 내고, 타인의 삶으로 관심을 넓혀나간다.

시인의 눈에 비친 타인의 삶은 대개 "고통이 중첩"된 재난의 현장이다. 미성년자들이 "배달의 자손으로 내몰린 도로에"는 "신발 깔창을 생리대로 받친 소녀가 걸어가고", 가족과 사회로부터 방치된 채 "독거의 진창으로 손발이 묶여가는" 노인들은 "입 다문 자들"(「푸른 돔, 뱀들의 전쟁」)처럼 고립되어 가고 있다.

> 바이러스를 앓는 도시의 거리, 오토바이는 비만을 배달합니다 헬멧을 묶어두세요 속도만큼 당신의 운명선은 장담할 수 없겠습니다
>
> (… 중략 …)
>
> 응급실 퉁퉁 부은 얼굴로 수액 맞는 환자는 고산지대 고드름 같은 모범사원, 쉼 없는 시곗바늘을 지킨 것뿐입니다
>
> 젊은 시인을 거두고 뜬 별은 모텔 입구에서 소녀를 삼키려고 은밀하지요 편의점 의자에 커피 마

시는 중년 여자, 산 사람에게서 파란 입술이 핍니다
—「프랑켄슈타인 먹잇감을 제공하는 미래」부분

　최소형 원룸 벽은 얇고도 야릇했다
　(… 중략 …)

　벽을 두고 맞댄 고부간, 줄줄 자식을 폈다는 애국까지
　그저 그런 바닥의 가십이고 시끄러운 고막
　벽에 갇혔다

　그것이 너의 능력이니 보여 달라는 매력적인 자본주의 자격조건
　영혼 끌어모으든 팔아 제치든 위로 위로
　수단이 건설적인 방법을 능가할 때 벽은 새로 세울 수 있겠다는 결론
　벽은 때로 무모한 용기를 쥐게 했다
　　　　　　　　—「벽의 사각지대」부분

「프랑켄슈타인 먹잇감을 제공하는 미래」는 코로나19 팬데믹 시대의 풍경 속에서 자본주의의 위기를 짚어내

는 사회적 통찰을 보여주는 시이다. 시에서 나타나듯이 "바이러스를 앓는 도시의 거리"는 삶이 위태로운 존재들이 살아가는 장소이다. "운명선"을 "장담할 수 없"는 오토바이 배달 기사, 회사에서 살아남기 위해 "쉼 없는 시곗바늘"처럼 일하다가 응급실에 실려 온 회사원, 성매매로 내몰린 소녀에 이르기까지 서로 무관해 보이는 이들의 공통점은 살아가기 위해 죽음에 다가서야 하는 부조리한 상황에 처해 있다는 것이다. 이들에게 "도시의 거리"는 삶을 담보로 생계를 위한 비용을 벌 수 있는 곳이지만 삶이 좀처럼 나아질 것 같지는 않아 보인다. "산 사람"의 얼굴에도 죽은 자의 "파란 입술이" 피는 이곳을 그들이 벗어날 수 있을까?

이 시집 곳곳에 드러난 자본주의적 삶의 현실은 거주 공간을 통해 더 집약적으로 나타난다. 「벽의 사각지대」에서 보여주듯이 벽 너머에서 들려오는 소음이 "말초신경"을 붕괴시키는 "최소형 원룸"은 마치 삶마저 구금하는 장소처럼 느껴진다. 매일 "벽 하나 두고 내상을 가하는 신경전"을 펼치다 보면 밀려오는 패배감은 "영혼 끌어 모"아 아파트를 사야 한다는 욕망으로 이어지기 마련이다. 한국 사회에서 아파트는 사람들을 필사적으로 자본의 요구에 순응하게 만드는 강력한 동인이다. 영혼이라도 끌어모아 아파트를 살 수 있다면 안락하고 안정된 삶이 보장될 것만 같은 환상은 쉽게 사라지지 않고 영혼을 파먹는다. "매력적인 자본주의"의 "자격조건"이자 우리 사회의 이데올로기가 되어버린 아파트. 영혼이 파먹힌 채 영끌 대열에 동참하는 긴 행렬을 마주하는 시인은 "아파트가 아프다로 읽"(「성공한 광고」)힌다며 비통한 감정을 숨기지 않는다.

> '미학적으로 완벽한 건 딱 하나 돈뿐'
> 휴일에 본 재벌 드라마 대사가 암기된다
> 망각 증세를 뚫는 역전골처럼 저장되어 있다
>
> 나는 시인으로 망했다는 암시인 것인지
> 문장들이 쓰러지는 저녁, 그래도
> 버틸 때까지 버티다가 지구 최후에 망가질 것이다
>
> ―「함박눈 예언」 부분

디스토피아적 징후가 도처에 널린 도시에서 유일하게 훼손되지 않고 오히려 나날이 견고해지는 것은 '돈'(=자본)뿐이다. 「함박눈 예언」에서 시인은 기억에 각인된

"재벌 드라마 대사"의 한 구절을 떠올리는데, "'미학적으로 완벽한 건 딱 하나 돈뿐'"이라는 대사는 "머릿속"에서 파내고 싶어도 도무지 사라지지 않고 시인을 고통스럽게 한다. 시인이 드라마의 대사를 망각하고 싶은 이유는 모든 것을 초월하는 자본의 권위를 거부하기 위해서이다. 이미 자본은 존재하는 모든 것을 교환 체제로 수렴시켰고, 새로운 종교가 되어 사람들의 마음을 지배하게 되었지만 그럼에도 필사적으로 미학적 영역을 지키려는 이유는 그것마저 내준다면 감각의 자유마저 자본에 굴복당하는 셈이기 때문이다. 미학적으로 완벽한 언어를 구사하고 싶은 시인의 열망을 조롱하는 듯한 드라마의 대사는 의식의 표면으로 비집고 올라와 그것을 거부하는 시인의 의식과 대결한다. 그 대결은 자본주의와 화해하지 못하는 시란 무엇인가라는 난제를 시인 앞에 던져 놓으며 시인에게 불면을 밤을 안겨 준다.

자본의 합리성에 비추어 본다면 출판 시장에서 팔리지 않는 시를 쓴다는 건 얼마나 불합리한 일인가. 또 팔리지 않는 시를 쓰기 위해 분투하는 불면의 밤은 또 얼마나 무용한 시간인가. 시 한 편에 대한 대가로 "고료 삼만 원"을 받으면서 "잡지사 형편"(「금고에 갇히다」)까지 고려해야 하는 중년의 시인으로 살아가는 시인의 현실적 경험을 고려하면 시를 쓰는 일은 자본주의적 합리성에 역행하는 무용한 행위이다. 자본에 의해 미학적 가치마저도 흔들리는 현실에서 시를 쓴다는 건 대체 무엇을 위한 것인지 묻지 않을 수 없다. 그런데도 시인은 "지구 최후"의 순간까지 시를 쓰겠다는 의지를 드러낸다. 팔리지 않는 시는 가격조차 매겨지지 않지만 아이러니하게도 바로 그 무용함 때문에 교환 체제로 수렴되지 않고 자본에 종속되지 않는다. 시를 쓴다는 것은 그 자체로 자본의 힘을 거부하는 일이다. "문장들이 쓰러지는 저녁"을 목격하며 미학적 열망이 패배감으로 바뀌는 순간을 경험하면서도 시인이 "버틸 때까지 버티다가 지구 최후에 망가"지겠다는 강한 의지를 드러내는 이유는 무용한 시가, 모든 것을 수렴할 수 있다고 자만하는 자본을 거부하는 대항의 언어이기 때문이다.

이 시집의 마지막 시 「내 시는 이구아나」에서도 시인은 다시 한번 자신의 시에 대한 스스로의 바람을 드러낸다. 자신의 시를 '이구아나'에 비유하는 시인은, 때론 시가 "불안한 이구아나처럼" "저를 숨기려는 보호색"을 드러내며 "꼬리 자르고 도망을" 가기도 하지만 "도망 나온 이구아나가 변색하지 않아도 좋을/ 숲속 찾아 초록 나뭇잎이 되어버릴 때까지" 시를 쓰겠노라 고백한다. 이구아나가 보호색으로 자신을 감추거나 꼬리를 자르고 도망치듯 자신의 시도 때론 후퇴하거나 숨죽이며 순간이 있겠지만 끝내 자신을 감추거나 숨기지 않는 문장으로 미학적 열망을 실현하겠다는 의지를 표명한다.

3.

김명이의 시 가운데 노인들을 시적 대상으로 삼는 시들도 유심히 볼 필요가 있다. 노인의 일상이나 형상을 포착한 시에는 유한한 존재에 대한 슬픔이나 연민의 시선만이 아니라 경이의 시선이 함축되어 있다. 조금 떨어진 곳에서 꽃을 바라보듯 그들을 응시하며 한 생의 흔적을 읽어내던 시인은 "묘지의 시간 내비치는 노구"(「늦더위」)의 몸에도 찬란하고 아름다운 삶의 순간이 새겨져 있음을 엿보았던 것일까? 노동의 시간이 축적되어 변형된 몸과 주름 파인 얼굴은 향기도 생기도 없는 메마른 꽃처럼 곧 바스러질 것 같고 그들이 살았던 흔적도 곧 사라지겠지만 시인은 그들의 삶을 되살리려는 듯 시의 언어로 온갖 꽃들을 피워낸다.

> 겨울 창 안쪽에 비틀어진 선인장
> 가시가 몸인 것은

전생이 지독한 파란이었을까

얌전한 그 여자 고장 난 무릎이 어른거리네
지아비와 맏자식 앞세운 억장에서
조로해 버린 과부 아라리가 떨어지곤

무명 고분의 뼈처럼 남은 다리
몸뻬바지에 감추며 절룩절룩
늦도록 산 노을이 머물던 비탈진 밭 파고 묻고
해를 따라 흙으로 부스러져갔네

(… 중략 …)

아리아리랑 스리스리랑
사람만이 인두겁 쓰고 저승꽃 피웠다지
양은 주전자 막걸리 한 되만이
하루치 삶이던 그 여자
　　　　　　　－「꽃은 누군가의 대명사」 부분

"비틀어진 선인장"은 "지아비와 맏지식"을 잃은 슬픔을 가슴에 묻고 생계를 이어가기 위해 "비탈진 밭 파고

묻"으며 "조로해 버린 과부"의 삶을 고스란히 응축한 상관물이다. 젊은 어미가 홀로 어린 것들을 키우며 먹고 사는 일은 막막하고 고되었을 테고, 그녀는 "막걸리 한 되"로 "하루치 삶"을 스스로 위로하며 "지하의 어둠" 같은 생을 견디었을 것이다. 시인은 가시만 남은 선인장 같은 그녀를 응시한다. "몸뻬바지에 감추"고 있어도 드러나는 "무명 고분의 뼈" 같은 다리를 보며 그녀의 노동을 상상하고 "그 여자"의 입에서 저도 모르게 흘러나왔을 '아라리'를 상상하며 "동굴 속에 갇힌 긴 슬픔"을 헤아려보는 것이다. 꽃을 응시하듯 인간의 삶을 응시하는 이 시는 김명이 시의 감각적 아름다움과 주제 의식이 조화롭게 응축된 작품이다. 그러나 이 시가 아름답게 느껴지는 또 다른 이유는 타인의 삶에 대한 시인의 태도에 있다. 인간 삶의 보편성에도 불구하고 타인의 삶이란 온전히 이해하거나 위로할 수 없는 것이기에 시인은 일정한 거리를 유지하며 응시하고 상상하는 태도를 취한다. 부모나 혈연지간이라고 하더라도 함부로 타인의 삶을 자신의 삶으로 환원하지 않고 응시의 거리를 지키는 것은 타인에 대한 윤리이자 삶, 그 자체에 대한 경이와 존중에서 비롯된다. 할 수 있는 것도 이런 태도에서 기인한다.

살아있는 존재들의 삶을 긍정하고 존중하되 때로는

생명을 죽음으로 몰아넣는 힘에 대해 분노를 터트리거나 저항하는 김명이의 시 그 중심에는 타인이라는 존재가 있다. 바닥에 떨어진 꽃잎 한 송이도, 세월의 흔적이 완연한 노구도, "꽃철 이미 지난 것"처럼 "후줄근"(「한발씩 뒤로 가는 사진을 찍고」)한 친구들도 시인에게 언제나 미학적으로 완벽한 시적 대상이다. 생계의 고단함과 시간의 흔적이 온몸에 고스란히 새겨져 있어도 살아있다는 것은 그 모든 순간이 "생생한 기적의 현장"(「살아났다, 소」)이다. 서로를 바라보는 타인과 더불어 살아있다는 것, 그것은 얼마나 멋진 일인가. 서로를 바라보는 "지금 우리는 타인 앞에서 빛"(「한발씩 뒤로 가는 사진을 찍고」)나고 있지 않은가.

김명이의 시는 자본주의적 삶의 위기와 현실에 대한 통찰에서 나온 날 선 언어도 보여주지만 그러한 비판적 언어가 필요한 이유는 살아있음에 대한 경이와 존중의 세계를 지키는 데 있음을 우리는 짐작한다. 한겨울 "발코니의 동사 직전 살아낸 만천홍호접란"(「어느 죽음의 고요」)처럼 살아있음은 경이롭고 아름다운 사건이고 시는 그것을 옮기는 언어이다. 시인은 자본의 힘이 훼손해서도 침범해서는 안 되는 삶의 영역을 언어로 옮기며, 그

결실인 시가 삶을 감각하고 사유하며 삶의 아름다움을 회복하게 돕는 언어이기를 바란다. 삶에 대한 섣부른 깨달음이나 낙관 대신 시인이 전하는 삶에 대한 경이와 존중은 바로 그 언어를 통해 우리에게 전달된다. 삶에 대한 감각이 미학적인 언어와의 마주침을 통해 선명해지고 있음을 가만히 알게 되는 중이다. 잠시 눈을 감는다.

나는 살아있어 눈을 감았다

―「겨울 화분」 부분

포지션 詞林 021
섬, 몽상주머니

펴낸날 | 초판 1쇄 2024년 5월 15일

지은이 | 김명이
펴낸이 | 차재일
책임편집 | 이용헌
펴낸곳 | 포지션
등록번호 | 제2016-000118호
등록일자 | 2016년 4월 12일
주소 | 서울시 마포구 대흥로8길 26. 201호
전화 | 010-8945-2222
전자우편 | position2013@gmail.com

ⓒ 김명이, 2024

ISBN 979-11-93169-03-2   03810

값 10,000원

❄ 대전광역시   대전문화재단

- 이 책은 대전광역시 (재)대전문화재단에서 사업비 일부를 지원받아 발간되었습니다.
- 이 책의 전부 또는 일부 내용을 재사용하려면 반드시 지은이와 포지션의 서면 동의를 받아야 합니다.
- 잘못된 책은 바꿔 드립니다.